Publicado por Damaso & Valeria Publishing
damasosaka.com

ÍNDICE

INTRODUCCIÓN

Esta es la historia de Luz y su hija Valeria de 6 años. Valeria está empezando a aprender que con dinero puede comprar muchos juguetes y dulces. La familia tiene una mascota llamada Betty. Le encantan las galletitas tanto como a Valeria las golosinas.

Luz entiende que Valeria es una niña y que su sueño de ganar dinero para comprar muchos juguetes y golosinas es un buen comienzo. También entiende que el futuro de su hija depende de los valores que le inculque a una edad temprana. Sabe que educarla sobre el dinero y el valor de un centavo, la ayudará a entender la importancia de un presupuesto que la llevará a la planificación financiera y al éxito.

my Betty
My Bank accounts
my money
my accounts
my savings
Valeria
Me and my mom Luz
$1
QUARTERS
DIMES
NICKELS
PENNY

Hmmm... ¿Por qué está vacío el tarro de los centavos?
My
nk accounts
ney
my accounts
my savings
Valeria
Me and my mom Luz
DIMES
NICKELS
PENNY

Valeria, ¿por qué tiras tu dinero?
PENNY
QUARTERS

No es dinero, mami. Es un centavo. Yo ahorro los .25 centavos.
¿Por qué crees que los centavos no son dinero?
Porque quería comprar golosinas en mi escuela y la Sra. Angy me dijo que necesitaba $1.
QUARTERS

Mmm, ella está desechando los centavos porque cree que sólo con los .25 centavos puede conseguir un Dólar. Pero no entiende que cada centavo que tira es una moneda que podría acercarla a $1.

Tengo que enseñarla el valor de un centavo. Utilizaré su juego de la torre de bloques.
¡Vamos a casa!

¿Quieres jugar a tu juego favorito?
¡La torre de bloques! Sí, sí, mamá, ¡la torre de bloques!

my Betty
My Bank accounts
my money
my accounts
my savings
Valeria
Me and my mom Luz
$1
QUARTERS
DIMES
NICKELS
PENNY
¡Guau!
Valeria, ¿podemos jugar,podemos jugar?
¡Guau!

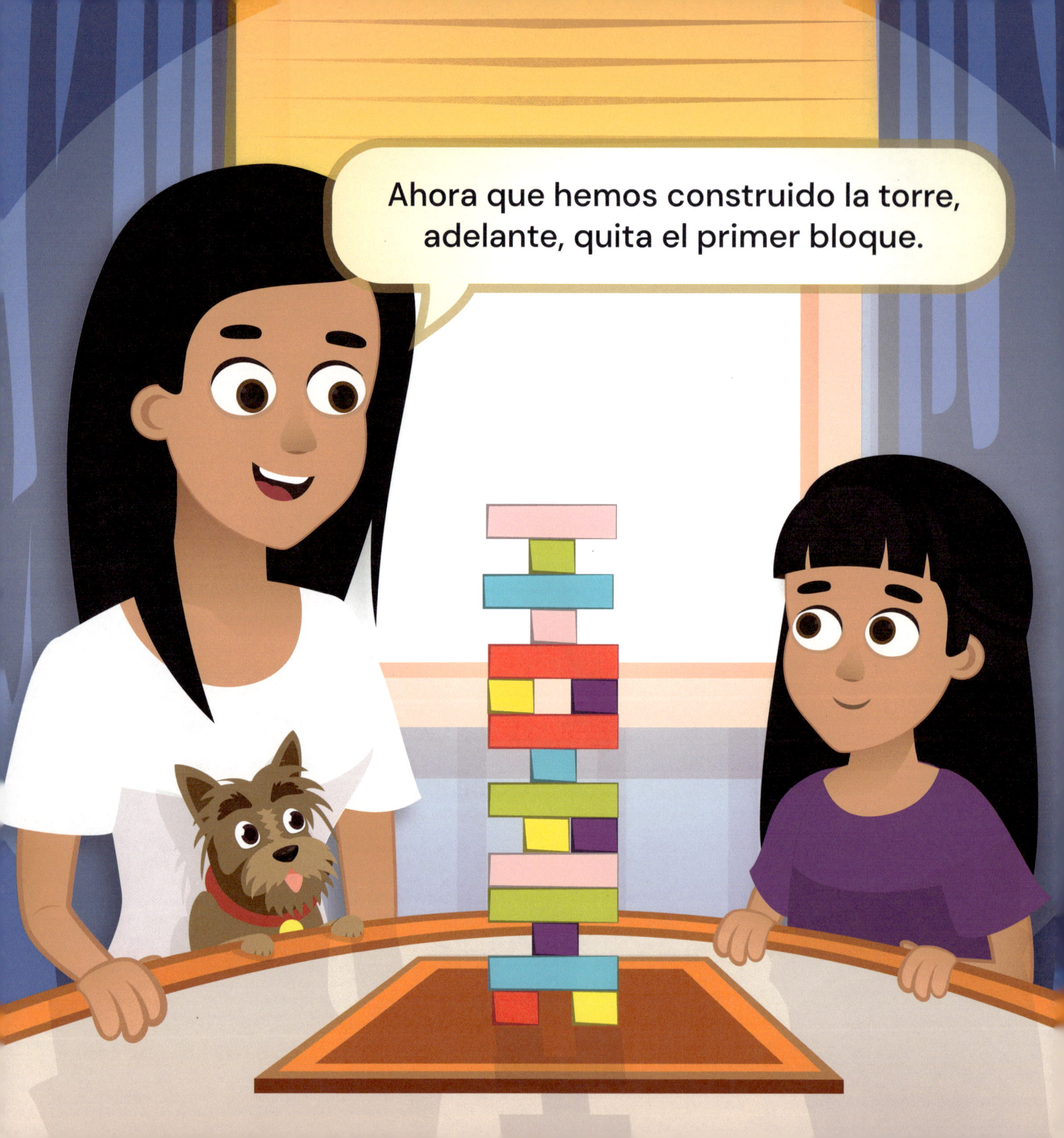
Ahora que hemos construido la torre, adelante, quita el primer bloque.

¿Qué le ha pasado a tu torre?
¡Se ha derrumbado, mami!

Piensa que $1 es la torre y el bloque que acabas de quitar es el centavo. Sin los bloques, no podríamos tener la torre; lo mismo ocurre con el centavo. Sin el centavo, no podrías tener $1 para comprar tus golosinas.

100
PENNIES
=
$1
my accounts
my savings
Valeria
Me and my mom Luz
DIMES
NICKELS
PENNY

Si tienes $1 y te deshaces de un centavo, ya no tendrás $1; ¿Ves por qué los centavos son tan importantes?
Ahora lo entiendo. Nunca lo había pensado así.
DIMES

No tienes que dejar de ahorrar cuando llegues a un dólar. ¡Puedes ahorrar tantos centavos como quieras!
Sí, mami, voy a ahorrar todos mis centavos.
PENNY

Ahora que has ahorrado tus centavos, vamos al banco para ver cuánto dinero ahorraste de los centavos.
Bank accounts
my money
my accounts
my savings
Valeria
PENNY

PARTE 2: PRESUPUESTO Y AHORRO

THE PENNY BANK
$

Bienvenidas al Penny Bank. Me llamo Botuku. ¿En qué puedo ayudarles?
THE PENNY BANK
Mi hija y yo queremos saber cuánto dinero ha ahorrado.

¿Cómo te llamas?
Me llamo Valeria.
Hola Valeria, encantado de conocerte. Vamos a ver cuánto dinero has ahorrado.

Felicidades, has podido ahorrar $10.
$10!

¡Buen trabajo! Has ahorrado $10 porque conservaste muchos centavos.
THE PENN
Ahora, quiero que ahorres más Pennies, Nickels, Dimes, Quarters y Dólares. Una vez que hayas ahorrado $30, vuelve al banco para aperturar una cuenta de ahorro.

$1
QUARTERS
DIMES
NICKELS
PENNY
Tengo una cuenta bancaria en casa.

Sí, lo sé. Pero tienes que invertir tu dinero aperturando una cuenta de ahorro en el banco.
THE PENNY BANK
¿Qué es invertir en una cuenta de ahorro?
Invertir es cuando el banco te paga por guardar tu dinero en una cuenta de ahorro.

Una caja fuerte es un gran depósito en el que los bancos guardan el dinero.

¿Así que me pagarán por ahorrar mi dinero? ¡Wow!
Sí, te pagaremos por guardar tu dinero en el banco.

10 $ 10

¡Mamá, mamá!
¿Sí?

Nunca más tiraré mis centavos. ¡Siempre los guardaré!
¿Por qué has cambiado de opinión?

Porque es dinero, mucho dinero, de mis centavos pude ahorrar $10.
Bien dicho, hija mía. Cada moneda añade a tu cuenta bancaria.

¡Por fin lo está entendido!
Si de los centavos pude ahorrar $10, entonces seguiré ahorrando para obtener mucho más dinero.

Presupuesto $35
Juguete $5
Banco
$30
¿Qué significa presupuesto?
my mom Luz
ARTERS
DIMES
NICKE

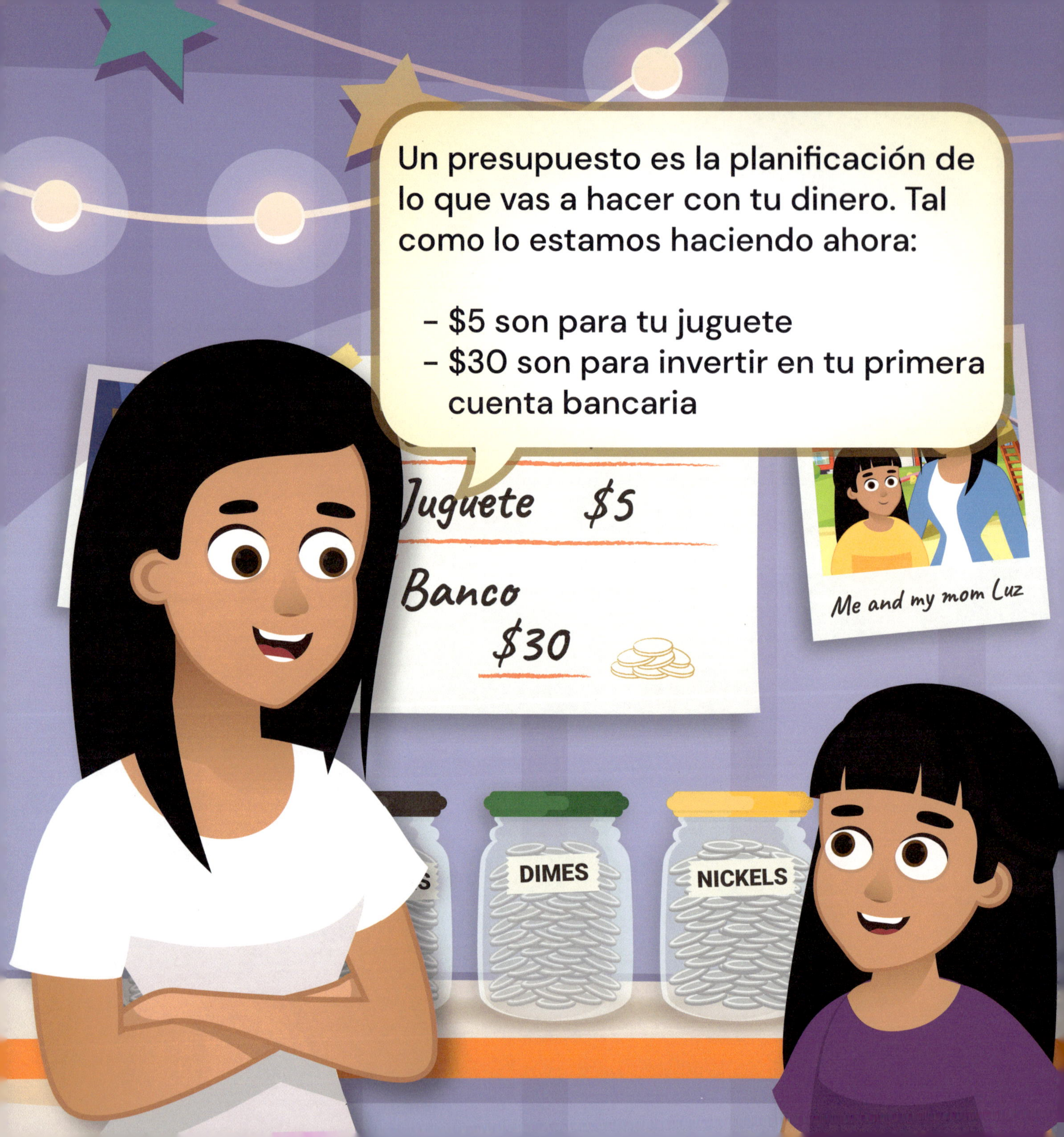
Un presupuesto es la planificación de lo que vas a hacer con tu dinero. Tal como lo estamos haciendo ahora:
- $5 son para tu juguete
- $30 son para invertir en tu primera cuenta bancaria
Juguete $5
Banco $30
Me and my mom Luz
DIMES
NICKELS

As ahorrado $35.
Excelente. Estoy muy
orgullosa de ti
Presupuesto $35
Juguete $5
Banco
$30
Me and my mom Luz
RTERS
DIMES
NICKEL

$5

Best Toys

THE PENNY BANK

Felicidades Valeria, acabas de aperturar tu primera cuenta bancaria.
THE PENNY BANK
Bank account

HE PENNY BANK
Mami, he comprado mi juguete y he aperturado mi primera cuenta bancaria.
Bank account

¡Has logrado mucho más que esto!
✓ Has hecho un presupuesto para planificar qué hacer con tu dinero.
✓ Al presupuestar, pudiste ahorrar.
✓ Al ahorrar, has podido comprar tu juguete e invertir en tu cuenta bancaria.
Estoy muy orgullosa de ti.

ANEXO

Los siguientes conceptos son importantes, porque constituyen la base del vocabulario, comprensión y planificación financiera de tus hijos.

PLANIFICACIÓN FINANCIERA:

Tus objetivos monetarios a corto, mediano y largo plazo

Ejemplo: Quiero comprar un juguete.

- ¿Cuánto cuesta el juguete? $10
- ¿Cuánto dinero tengo? $4
- ¿Cuánto dinero me falta para comprar el juguete? $6
- ¿Qué pasos tengo que dar para conseguir $6?

Dinero: : Es un elemento de la economía que permite comprar bienes y servicios.

Comprar: Acción de obtener algo (productos y servicios) a cambio de dinero.

Presupuesto:

- Necesitas un presupuesto para planificar.
- Al planificar, puedes ahorrar dinero para comprar tu juguete.

Éxito: Poder disfrutar de lo que tienes.

Cuenta bancaria: El lugar más seguro donde guardar tu dinero. Invertir/inversión [desde el punto de vista del ahorro].

Cuenta de ahorro: Ahorro de dinero para futuras necesidades.

CARTA A LOS PADRES

El valor de un centavo

Si quitas un centavo de un billete de cien dólares, ya no tienes un billete de cien dólares, sino que ahora tendrás noventa y nueve dólares con noventa y nueve centavos. Así de fundamental es el centavo.

$100 - $.01 = $99.99

El valor en un centavo es un secreto que ha sido descubierto por aquellos que viven en abundancia y pueden transferir sus riquezas a las generaciones futuras. Recuerda, si los centavos no van a tu cuenta bancaria, van a la cuenta bancaria de otra persona. Los centavos en este concepto pueden ser entendidos como compras impulsivas, préstamos de alto interés, tarjetas de crédito, préstamos estudiantiles y entre otras cosas que drenan tu capacidad de llevar un estilo de vida estable.

Necesitas entender el fundamento de un centavo para entender el valor de un presupuesto. Y sin un presupuesto, será imposible lograr un éxito financiero, por lo cual, estarás desperdiciando tu dinero para enriquecer a otros.

DEDICATORIA

Gracias, Luz Amparo y Allan Guerra; son una inspiración - su hija

Por: Damaso Saka

Co-escritor y Editor: Valeria Inagan

Ilustradores: Alina Kutnyaya, Yevhenii Kupriienko

Made in the USA
Monee, IL
05 November 2026

67379954R00031